AF193234

TORNA A SORTIR EL SOL

ExLibric

EMMA CORTIJOS FABRA

TORNA A SORTIR EL SOL

EXLIBRIC

ANTEQUERA 2026

TORNA A SORTIR EL SOL
© Emma Cortijos Fabra
© de la imagen de cubiertas: Emma Cortijos Fabra
Diseño de portada: Dpto. de Diseño Gráfico Exlibric

Iª edición

© ExLibric, 2026.

Editado por: ExLibric
c/ Cueva de Viera, 2, Local 3
Centro Negocios CADI
29200 Antequera (Málaga)
Teléfono: 952 70 60 04
Fax: 952 84 55 03
Correo electrónico: exlibric@exlibric.com
Internet: www.exlibric.com

ISBN: 979-13-88079-52-8
Depósito Legal: MA 29-2026

Impresión: PODiPrint
Impreso en Andalucía – España

Nota de la editorial: ExLibric pertenece a Innovación y Cualificación S. L.

EMMA CORTIJOS FABRA

TORNA A SORTIR EL SOL

Per a totes aquelles persones que cada dia esteu lluitant contra vosaltres mateixes, aquest llibre és per a vosaltres.

Encara que t'hagis perdut mil vegades, sempre pots tornar a trobar el teu camí perquè el camí ets tu qui el crea, pas a pas.

Aquest llibre és un recull de tots els relats que he anat escrivint al llarg del meu tractament per un trastorn de la conducta alimentària. Són relats curts, però molt personals, que reflecteixen com soc, com estic i qui soc en essència.

Cada història és un fragment del meu camí, una mirada sincera a la meua realitat i al meu procés de reconstrucció. Espero que, en llegir-los, pugueu gaudir-ne i, potser, aprendre alguna cosa a través d'ells: que la vida, malgrat el dolor i la foscor, continua sent bonica i val la pena viure-la.

Sobretot la meua intenció és transmetre esperança i ganes de lluitar encara que no queden forces. No us negaré que sigue un camí difícil o molt difícil i hi haurà recaigudes, moments on penses que no podràs perquè sé de primera mà que costa MOLT. Hi ha dies molt foscos i el que necessitem moltes vegades és una simple abraçada sincera dient que tot anirà bé, encara que et coste creure-ho.

Aquest no és un camí curt ni senzill, i jo mateixa encara no estic recuperada. Tot i així, he volgut compartir aquest petit recull de vivències i d'esperances perquè necessito creure —i vull que vosaltres també ho cregueu— que la llum sempre torna.

I recordeu que no sempre les coses són com semblen, i que, passi el que passi, sempre, sempre, sempre torna a sortir el sol.

PRÒLEG

És amb interès, no mancat de certa perplexitat, que els adults observem com els joves, quan arriba l'adolescència, surten com pollets del niu a un món al que hauran d'adaptar-se i que va canviant, diferent del que nosaltres vam viure, com ho era aquell de la nostra adolescència respecte el dels nostres pares o avis.

L'etapa del traspàs de la infància a la joventut sovint no és fàcil. De fet, a vegades és dramàtica i està plena de patiment. És una transició entre dependre dels pares i funcionar de forma autònoma, a la que cadascú arriba en una edat física i mental diferent, en un estat maduratiu diferent. Les hormones es remouen, les emocions són més intenses i els recursos per adaptar-se al món molt diferents. I ningú neix ensenyat. Cadascun de nosaltres buscarà la manera d'afrontar els conflictes que se li presentin en la seva forma de ser, en el suport de què disposi per part de família i amics, si té sort, i, en el millor dels casos, en l'autoapreci què hagi pogut conrear. Amb aquest bagatge personal caldrà enfrontar una aventura plena de reptes: socials (integrar-se al grup), acadèmics i, potser els més durs, personals. Tot plegat pot fer trontollar una personalitat que encara s'està formant. És una etapa vulnerable en la qual, més que en altres moments de la vida, pot caure's en depressió, en el consum d'alcohol o drogues, o en addiccions més subtils com el trastorn alimentari.

Darrera un problema alimentari sempre hi ha el mateix : por, soledat i inseguretats, i el desig de trobar un lloc en el món. La Emma ha estat prou valenta per compartir en aquests contes la seva experiència, buscant l'esperança i la llum en la foscor. Parla encara des de dins, en el procés de lluitar per sortir-ne i superar aquesta etapa. I des d'aquest lloc s'han de llegir i entendre aquestes històries. Compartint amb ella el viatge, reflexionant-hi amb esperit crític, i esperant que escriure-les sigui una eina més que l'ajudi a sortir definitivament de la trampa del TCA i a fer les paus amb ella mateixa i amb el món. I que pugui ajudar a d'altres que lliuren batalles semblants. I desitjant que enmig d'aquesta lluita que s'esdevé dins seu, llarga i difícil, no defalleixi encara que ensopegui, que pugui acceptar les pors i malestar com una part més de l'aventura de créixer i de la vida en general, i que l'escalfor de l'amor que l'envolta i l'esperança d'un futur millor, acabi inundant la seva ànima i superant els moments foscos. Li ho desitjo de tot cor. Que només hi ha una vida, però moltes oportunitats. Ànims.

Dra. Sonia Sarró Alvarez Metge
Psiquiatra
Novembre del 2025

LA MEUA BATALLA

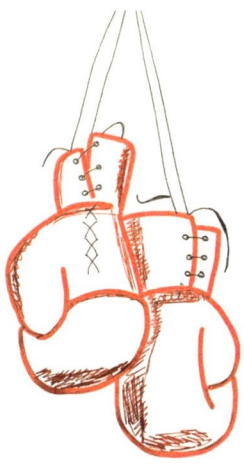

Em dic Emma, Emma Cortijos i visc a Drasburg, un petit poble al cim d'una muntanya. Diu la llegenda que uns quants segles enrere aquí vivien dracs. Dracs ferotges i que treien foc per la boca. Per sort o per desgràcia es van extingir i vam aparèixer nosaltres, els humans.

Com he dit els dracs es van extingir... o això pensava tothom. Però... a mi m'acompanya cada un dia un drac, un drac lleig, un drac gran, un drac ferotge, un drac que em vol fer mal, un drac que em vol morta. (Tot això, però, ho vaig veure més tard).

Cada matí em llevo amb la seua veu dient-me: "Vinga, aixeca't! Et quedaràs al llit una altra vegada? No vas fer res ahir" Com que té raó li faig cas i em llevo d'un bot. "Sort que m'ho diu, no sé què faria sense ell...". A l'hora de menjar... no és gaire agradable... Em diu què he de menjar i com ho he de fer. Algunes vegades em fa fer coses una mica estranyes que ni jo mateixa comprenc, però si no ho faig... el meu drac em fa mal. Una vegada que no li vaig fer cas em va esgarrapar tot el braç i no parava de sagnar. Per això ara sempre li faig cas. Però no ho fa perquè vol és... és la seva forma de ser i ho fa pel meu bé, ja que si mengés aquells aliments... m'engreixaria... i ningú m'acceptaria... i la meva vida seria un desastre i... només vol el millor per a mi. Vol cuidar-me. Cada vegada que em miro al mirall em diu tot el que hauria de canviar. Tot el que no està bé amb mi, ell m'ajuda a canviar-ho i em diu TOT el que he de fer per a ser perfecta. Cada dia passava més temps amb el drac i com que ens enteníem molt bé, ens vam unir molt i ens vam fer molt bons amics. Era com el meu company de vida, amb ell no em sentia sola i a més a més m'ajudava a tenir més amics. Us diré el seu secret: estar prima, però shhhtt, no ho digueu a ningú.

El meu drac em guiava, em deia que em portaria a un lloc meravellós, a una vida P E R F E C T A, on tothom m'acceptaria, on per fi seria feliç, on mai més em tornaria a sentir sola. Em va prometre que si cada dia pesava menys, arribaria un dia en què em sentiria bé amb mi mateixa i on arribaria per fi a aquest lloc fantàstic. Aquell dia mai va arribar. Aquella vida perfecta MAI va arribar. Passaven els dies i jo continuava fent tot el que ell em deia per molt que res del que m'havia promès es feia realitat. Cada dia el drac s'anava menjant una part de mi, fins que a poc a poc va anar formant part de mi. Jo ja no sabia qui era. Ja no era aquella noia riallera i divertida, m'havia convertit en una noia apagada i trista. Jo ja no era jo. Quan em vaig adonar del que el drac havia fet en mi, ja era molt tard, perquè tota jo ja estava a dins seu. Era impossible sortir d'allí. Estava envoltada de crítiques a mi mateixa, de pensaments autolítics, de voler desaparèixer. El cap em donava voltes. Havia de matar el drac. Em vaig armar de valor i vaig decidir clavar-li una fletxa directa al cor. Però no us penseu que va ser tan fàcil com sembla...Vaig haver de lluitar. Em vaig enfrontar cara a cara a aquell drac i li vaig donar on més mal li podia fer. I llavors ho vaig fer, li vaig dir: "Em vas fer creure que eres la meva única companyia, que sense tu no era res, que sense tu no podria estimar-me. Però ara ho veig tot amb claredat.

Soc llum, soc vida, soc única, soc perfecta tal com soc. I tu ja no em manes més. Ja no et tinc por. Has viscut al meu costat massa temps, però ja no ets ni la meva veu, ni el meu reflex. Jo soc més que les teues mentides. Jo trio VIURE! Aquestes paraules van ser com una fletxa clavada al mig del cor. Després d'això el drac va morir i l'Emma es va tornar més alegre que mai. Ara sí que s'acceptava, ara sí que tenia el seu grup d'amics, ara sí que per fi era FELIÇ.

Pot ser que no t'ho creguis, però cada paraula d'aquesta història és veritat. Jo vaig matar el meu drac i estic segura que si tu en tens un també el podràs vèncer!

La nova Emma

***

Aquest conte reflecteix una part molt profunda i dolorosa de mi, una batalla interior que he hagut d'afrontar en silenci mentre vivia atrapada dins d'un TCA. Darrere de cada pensament, de cada mirada i de cada plat, hi havia por. Por de menjar, por de no controlar, por de no ser prou. Aquella por que et consumeix lentament i et fa creure que només ets el que el trastorn vol que siguis.

He viscut la tristesa més fosca, aquella que et fa sentir sola encara que estiguis envoltada de gent. El TCA m'anava apagant, robant-me la llum, les rialles i la manera de veure el món. A poc a poc deixes de reconèixer-te; ja no saps on acabes tu i on comença ell. És com si et miressis al mirall i ja no veiessis la teva ànima, només la veu del trastorn que et diu que no n'hi ha prou, que has de ser menys, sempre menys.

Però amb el temps he entès que, fins i tot enmig del dolor, hi pot créixer alguna cosa bona. He après que la vida està feta de petits detalls que abans no valorava: un somriure sincer, una conversa sense pressa, el sol a la cara, el gust d'un àpat compartit, la calma d'un dia qualsevol. Ara sé que aquestes coses són les que realment omplen, les que et fan sentir viva i ajuden a tornar a ser tu mateixa.

Potser encara porto cicatrius, però ja no les amago. Formen part de la meva història i em recorden tot el que he lluitat per recuperar-me, per tornar a estimar-me i per aprendre que la vida, amb totes les seves imperfeccions, val molt la pena de viure-la.

DARRERE TEU

Mai pensava que allò passaria...

Era un dia de tardor, els arbres ballaven pel vent i el sol estava mig tapat pels núvols. Era un dia normal. Jo era una noia. Una noia "normal i corrent", dins del que normal i corrent pot significar. Jo solia anar a veure a la meva millor amiga, la Clara, una noia molt tímida però alhora molt simpàtica i atenta. És una noia alta, d'ulls blaus i sempre va vestida molt elegant. Al seu costat jo era... com ho podria dir sense sonar malament... un 0 a l'esquerra. Però a mi això no m'importava. Al cap i a la fi, cadascú és com és i ella era perfecta. Tots els nois li anaven al darrere evidentment i jo... Jo només era la seua ombra. Ella, però no ho creia així.

Quan ens vam fer amigues jo era la seua única amiga, ja que ella venia d'un altre institut i no coneixia pràcticament a ningú. Jo al ser una persona tan sociable em vaig apropar a ella i de seguida ens vam fer íntimes amigues. Al poc temps ella era molt més amiga de les meves amigues que jo, tots els nens de la classe li anaven darrere, fins i tot alguns d'ells m'enviaven missatges per saber d'ella. No es per ser mala amiga però... em frustrava molt. Jo també volia sentir-me... especial. Vaig començar a apartar-me d'ella, pensant que així jo podria ser més vista però no va ser així. Ella encara va fer més amigues i jo... Jo només tenia gent en contra. Evidentment no ho vaig fer bé però què havia de fer? Deixa que la Clara, la dona perfecta ocupes el meu lloc? No podia permetre-ho.

Passaven els dies i jo seguia igual. Sense cap mena d'interès i sola. Mai pensava que pogués arribar a ser tan mala amiga, jo realment l'estimava molt i no li desitjava el mal.

Després de dies i dies pensant em vaig adonar que em vaig equivocar i no sabia com arreglar les coses. També he de dir que gran part de que veiés que ho havia fet malament va ser quedar-me completament sola.

La Clara finalment em va perdonar. Com podia ser tan horriblement perfecta? No té cap defecte!

Van passar els anys i jo seguia sent l'ombra de la Clara, però aviat vaig veure que ella no es veia com jo la veia. Ella es veia horrible. No veia la bellesa que tenia. Estava trista. Com podia ser que una persona així es sentís tan lletja i horrible? No ho podia arribar a entendre.

Un dia que vam quedar, ella va marxar un moment al vàter i vaig veure a sobre de la seva tauleta de nit un diari. Vaig intentar resistir-me, però no hi havia res a fer. Els meus impulsos em guanyaven sense fer ningun esforç. Vaig anar ràpidament i el vaig obrir. A l'obrir-lo no em vaig poder creure el que tenia al davant.

5-3-23

Estimat diari, avui al despertar-me i mirar-me quasi vomito. No sé com puc ser així. La meua vida és un desastre. Tinc amigues, sí, però cap és de veritat. Totes em critiquen a l'esquena i em fan sentir molt malament. Sovint em critiquen i es pensen que no ho sé. Fins i tot la Sílvia, la meua millor amiga no em suporta. Ella no m'ho diu però sé que no li caic del tot bé. Ella té una vida perfecta, és guapa, simpàtica, graciosa... És normal que no li caigui del tot bé una persona com jo.

Quan ho vaig acabar de llegir em vaig adonar que tots tenim problemes i al igual que jo la veia com una persona perfecta ella em veia a mi així i que no sempre les coses són com semblen. Al final una persona pot parèixer molt segura de si mateixa, però la realitat és que no. Gràcies a ella vaig aprendre la importància de no jutjar i d'entendre que tots tenim una història al darrere.

★★★

Amb aquest text he volgut mostrar una realitat molt humana que sovint passem per alt: tothom lluita amb alguna cosa, encara que no es vegi. Fins i tot aquelles persones que semblen tenir-ho tot (bellesa, amistats, seguretat, èxit), poden estar patint en silenci dins seu. He volgut fer entendre que la perfecció no existeix, que és només una façana que moltes vegades amaguem darrere per protegir-nos del que ens fa mal o del que ens fa por.

A través de la relació entre les dues amigues, he fet veure com de fàcil és caure en la comparació, en la gelosia o en la sensació de no ser suficient. Però també com, darrere d'aquesta aparença, hi ha persones que se senten tristes, insegures i que, igual que nosaltres, busquen ser estimades i acceptades. La narradora aprèn que la mirada pot enganyar, però el cor sempre sap reconèixer la veritat: tots tenim fragilitats, pors i històries que ens marquen.

Ens recorda que abans de jutjar, hem d'intentar entendre; abans de comparar-nos, hem d'aprendre a valorar-nos; i abans de pensar que algú és perfecte, hem de recordar que potser està lluitant contra un dolor que no es veu.

També hi ha un missatge d'autodescobriment i perdó. La protagonista aprèn a veure la seva amiga amb ulls nous, però també a mirar-se a ella mateixa amb més tendresa. Entén que equivocar-se forma part de créixer, i que reconèixer els errors no ens fa febles, sinó humans.

GRÀCIES PER SEGUIR AQUÍ

Estimat cos, avui t'intentaré escriure aquesta carta amb respecte i sinceritat, per molt que em costi.

Durant molt de temps t'he fet molt de mal i t'he culpat i castigat per coses que no eren culpa teva. T'he tractat com si fossis el meu enemic, quan en realitat només has intentat mantenir-me viva.

T'he jutjat, t'he insultat, t'he pegat, t'he tallat, I fins I to t'he intentat fer que desapareguessis. Ho sento. El meu malestar cap a tu era tan gran que no volia que seguessis més en aquest món. Sé que el meu malestar no és per culpa teva i que el tinc per totes les vivències tan traumàtiques i desagradables que he viscut. Sé que el dolor ve de molt enrere, que és molt més profund que la pell, que no té res a veure amb tu ni amb la teva aparença. Té a veure en com em sento i amb tot el que no sabia com expressar, i ho he pagat amb tu. Però, tot i això, has seguit aquí, intentant sobreviure. Ara estic intentant entendre'm, intentant cuidar-me. Encara no sé com estimar-te, però estic disposada a intentar-ho. Estic disposada a veure tot el que em permets fer i acaptar-te tal com ets. Vull aprendre a escoltar-te, a respectar-te, a no fer-te mal quan jo estic malament, a no donar-te la culpa de les coses que em passen. Potser algun dia podré dir-te coses bones, però avui començo amb un perdó. Un perdó per tot el que t'he fet. Sé que no era culpa teva. Gràcies per resistir quan jo no podia més i gràcies per continuar aquí, per donar-me una nova oportunitat.

Espero que algun dia em puguis perdonar i jo espero poder veure't amb uns altres ulls.

***

Aquesta carta expressa un procés profund de reconciliació amb el propi cos després d'un període de dolor i autodestrucció. Vol transmetre penediment, comprensió, perdó i esperança.

Durant molt de temps, he viscut en guerra amb el meu cos, culpant-lo i castigant-lo per un patiment que, en realitat, venia de dins —de vivències difícils, emocions reprimides i traumes que no sabia com expressar. Ara reconeixo que el cos no és el meu enemic, sinó el meu aliat, l'únic que ha resistit i m'ha mantingut viva fins i tot quan jo mateixa no volia continuar.

Amb aquesta carta, vull demanar perdó per tot el mal que m'he fet i agrair al meu cos la seua força i resistència. Mostro el desig sincer d'aprendre a cuidar-me, a escoltar-me i a estimar-me, encara que sigui un camí lent i ple de dubtes.

En el fons, el text transmet que la curació comença quan deixes d'odiar-te i comences a mirar-te amb compassió. És una invitació a veure el cos no com una cosa a castigar, sinó com una part valuosa i viva de tu mateixa, mereixedora de respecte i amor.

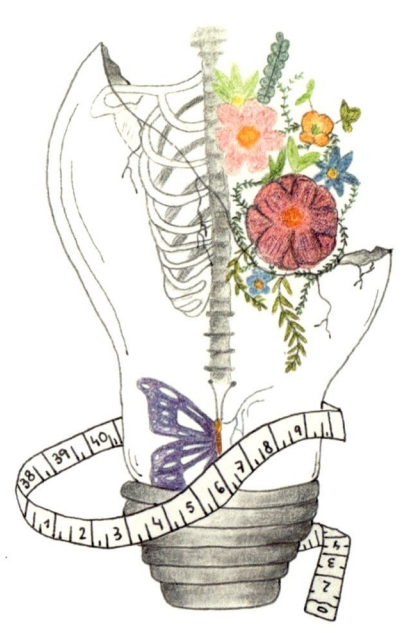

ESTIMADA IL·LUSIÓ

Estimada il·lusió,

Ets una emoció que durant tota la meua vida has estat molt present. Sempre et sentia per qualsevol cosa, per petita que sigui. Com per exemple quan venien els meus cosins a dormir, quan anàvem a passar el dia fora o simplement quan jugàvem a les nits a algun joc de taula. A mesura que em vaig anar fent gran el sentiment de tristesa i de soledat es va anar apoderant de mi. Ja

31

no em feien il·lusió aquelles coses que anys enrere m'alegraven tant.

Ja no era aquella nena. Ara només volia estar a la meva habitació tancada. Res em feia il·lusió, ni tan sols els regals. Em vaig tornar una persona freda, trista apàtica. Mai reia. La meva família per tal de veure'm una mica més il·lusionada em compraven coses intentaven portar-me a llocs que abans m'agradaven. Al moment semblava que funcionava, que tornava a estar feliç, a tenir il·lusió. Els meus pares no sabien què fer per recuperar la meua il·lusió, la que em feia ser jo. Ja no em brillaven els ulls com abans i això desesperançava als meus pares. Ara ni tan sols tenia aquella falsa il·lusió. Tota jo estava immersa en aquella gran tristesa i apatia. La il·lusió ja no formava part de la meva vida, ni aquesta ni totes les altres emocions positives. Vaig ingressar en un hospital de dia i després d'alguns mesos amb l'ajuda de professionals vaig tornar a trobar-te. Sentia il·lusió per fer coses amb la meva família, per dies especials… Aquella noia trista i apàtica va anar desapareixent a poc a poc i va tornar la noia alegre i riallera amb els ulls plens d'il·lusió. Tot semblava anar bé, que la tempesta ja havia passat i que tornaria a sortir el sol. Però poc després van aparèixer situacions molt difícils que em van fer tornar a caure al mateix pou, però ara era molts més Fons i no tenia aigua. Tornava a no sentir res durant molts de mesos. Fins que vaig ingressar aquí. Continuo estant dins del pou, però a mesura que anava tenint trucades i permisos, tornava a notar aquella il·lusió, per molt que alguns cops era petita. Cada vegada la sento més i intento ficar-me també en les coses positives per molt que costi molt i de primeres no ho vegi. Ara intento veure tot el que m'aporta la meva família i tot el que m'estimen. Per això ara cada setmana tinc molta il·lusió per poder veure'ls i que em puguin donar força per a afrontar la setmana.

A poc a poc està tornant l'Emma riallera, a la que li brillen els ulls d'il·lusió.

***

Amb aquesta carta he volgut expressar tot el que ha significat per a mi perdre i retrobar la il·lusió. Durant molt de temps vaig viure sense ganes de res, amb el cor apagat i la mirada buida. Em vaig sentir atrapada en un pou de tristesa i solitud, pensant que mai més tornaria a sentir aquell petit foc que abans m'omplia l'ànima.

Però amb el temps he après que la il·lusió no des-apareix del tot. Pot amagar-se, pot quedar molt petita, però sempre hi és, esperant el moment en què tornem a creure una mica més en nosaltres, en els altres i en la vida. He après que les coses més senzilles, una abraçada, una conversa, una mirada plena d'amor, poden tornar a encendre aquesta espurna.

Ara sé que la il·lusió no és una emoció que s'ha de perseguir desesperadament, sinó una companya que cal cuidar i alimentar amb paciència, amb tendresa i amb gratitud. I encara que hi hagi dies difícils, sé que dins meu hi ha una part que vol viure, que vol riure i tornar a brillar.

Per això, avui puc dir que l'Emma riallera està tornant, i amb ella, la il·lusió que sempre m'ha fet sentir viva.

VULL SER FELIÇ

Des de la distància ho veig tot,
sola estic, com un asteroide.
Si impacta a la Terra, pot acabar amb tot.

Dia sí i dia també,
reso per estar bé,
per seguir fent-ho bé.

Vull ser feliç,
com quan puc ser jo,

35

com un esquirol,
que corre pel bosc, a poc a poc.

Soc tranquil·la,
com la rosada,
suau com una fulla al vent,
que balla al ritme del temps.

Vull volar,
vull sentir,
vull viure,
vull ser feliç.
Vull tornar a ser jo,
i viure tot el que m'he perdut,
per tot el que no he estat,
i per tot el que seré.

Tornaré a riure en el futur,
com quan tot era més amè,
quan tot era llum i pau.

***

Amb aquest poema he volgut expressar com em
sento quan miro la meva vida des de la distància, com si
fos espectadora d'allò que m'envolta però sense acabar

de formar-ne part. És la sensació de sentir-se sola, de veure-ho tot des de lluny, com un asteroide que flota a l'espai sense saber on caurà.

També és un crit d'esperança. Entre la tristesa i el buit, hi ha dins meu una veu petita que vol tornar a viure, a riure, a sentir. Vol tornar a ser aquella versió que trobava la felicitat en les coses simples, que respirava pau, que es deixava portar pel temps com una fulla al vent.

Aquest poema és una promesa a mi mateixa: la promesa de no rendir-me, de continuar buscant la llum, encara que tot sembli fosc. Vull tornar a sentir-me lliure, viva, serena. Vull tornar a ser jo, la que somriu sense por i la que troba bellesa fins i tot en els dies grisos.

Perquè sé que, encara que ara em costi veure-ho, tornaré a riure en el futur, quan tot torni a ser llum i pau.

EL MEU SILENCI

Quan em sento sola,
em tanco en banda i m'aïllo de tot el món.

El que voldria que algú em digués és:
"Sé com estàs. I t'entenc."

El meu silenci no sona,
estic completament apagada.
No tinc cap vida.

M'agradaria que algú veiés
com realment estic
i em donés la seva companyia.

Encara que no ho sembli,
jo vull estar bé.
Jo vull riure,
com fan els altres.

***

Amb aquest text he volgut donar veu a la soledat que de vegades sento i que és tan difícil d'explicar. Volia posar en paraules aquell buit que apareix quan et tanques dins teu i sents que ningú entén el que estàs vivint. Quan el silenci pesa tant que fins i tot sembla que deixis d'existir.

No és un crit de desesperació, sinó una manera de dir: "Soc aquí, encara que estigui callada." Darrere d'aquest silenci hi ha algú que encara vol viure, riure i tornar a sentir-se bé.

He volgut transmetre la importància de ser vist, escoltat i comprès, sense judicis, sense presses. A vegades no calen paraules grans; només un "t'entenc" pot curar una part del cor que se sent sol.

Aquest text és un recordatori per a mi mateixa i per a tothom que hagi sentit el mateix: que fins i tot quan sembla que la llum s'ha apagat, dins nostre encara hi ha una petita espurna que vol tornar a brillar.

TU I JO

Gràcies per donar-me sempre la teva mà i no deixar-la anar mai, passi el que passi. Per ensenyar-me a volar i a veure les coses des d'una altra perspectiva. Ets la meva germana gran i el meu exemple des que era petita. Quan estic amb tu, em sento segura i protegida. Gràcies per intentar treure'm un somriure quan estic malament. A vegades, la vida ens posa reptes molt difícils, però sé que si estic amb tu, els superarem juntes. I sé que amb la teva ajuda, aconseguiré sortir del núvol negre i caminar cap a la llum.

Et prometo que volaré més alt que mai, i amb més força. T'estimo més enllà de les paraules.

Sempre juntes.

***

Amb aquestes paraules he volgut donar les gràcies a la meva germana per ser sempre el meu refugi i el meu far. Ella ha estat la meva mà quan més ho necessitava, la meva guia quan tot era fosc i la meva força quan jo no podia més.

He volgut expressar que, encara que la vida posi obstacles i reptes, saber que ella hi és fa que tot sembli més possible, més suportable. Que el seu amor, la seva presència i la seva paciència són com ales que m'ajuden a volar i a veure el món des d'una altra perspectiva.

Aquesta carta també és una promesa: la promesa de lluitar, d'aixecar-me, de volar més alt i més fort, sabent que porto dins meu tot el que ella m'ha ensenyat. És un missatge d'esperança i agraïment que diu: "Gràcies per ser-hi. Gràcies per donar-me força. T'estimo més enllà de les paraules. Sempre juntes."

Joan Turú

FLORIR

Soc una flor. Una flor mig tancada o mig ober-
ta — depèn de com la vulguis veure. Fa un temps, jo
mateixa m'hauria vist mig tancada… o potser del tot
tancada. Ara, però, m'estic obrint. M'estic mostrant. Es-
tic començant a ensenyar qui soc realment i, sobretot,
m'estic deixant ajudar. A poc a poc, m'he anat sentint
més segura. He anat trobant i identificant aquelles coses
que em feien quedar-me tancada, que em feien por,
que no em deixaven florir. Encara no estic oberta del
tot, però cada dia m'esforço i lluito contra les meves
pors per poder obrir-me completament. No està sent

gens fàcil, però gràcies a l'ajuda i a l'acompanyament que estic rebent, ho estic aconseguint. Cada vegada tinc menys por de mostrar-me, de deixar que el món vegi com són els meus pètals. Abans, això m'hauria semblat impossible. Però ara sé que cada flor té les seves virtuts, i que totes som boniques tal com som, amb les nostres imperfeccions incloses. Encara no m'ho crec del tot, però cada dia intento pensar en positiu. I no deixo que els pensaments que un dia em van fer mal tornin a envair-me. Ara veig les coses des d'un altre punt de vista. I sé que, potser més aviat del que penso, em podré obrir del tot.

I, mostraré al món com són de bonics i especials els meus pètals, i com de bonica soc jo — per dins i per fora.

***

Amb aquest text he volgut representar el meu procés de renaixement, de tornar a confiar en mi i en el món. La flor que descric soc jo: una flor que, després d'un temps amagada, comença a obrir-se, a respirar, a deixar entrar la llum i a creure que també pot ser bonica, tal com és.

He volgut transmetre que obrir-se no és fàcil, que implica lluitar contra la por, la inseguretat i tot allò que ens ha ferit. Però també he volgut mostrar que amb ajuda, paciència i amor, és possible tornar a florir.

Aquesta flor no és perfecta, té pètals diferents, potser una mica trencats, però justament això és el que la fa especial. Perquè la bellesa real no està en la perfecció, sinó en la valentia de seguir creixent malgrat les tempestes.

Aquest text és un missatge d'esperança, d'acceptació i de gratitud: perquè cada dia que m'obro una mica més, descobreixo que dins meu hi ha llum, força i bellesa. I sé que, quan arribi el moment, em podré obrir del tot i mostrar al món com de bonics són els meus pètals, i com de bonica soc jo per dins i per fora.

HE TALLAT LES CORDES

Sempre he fet tot allò que em demanaven. Sempre m'he adaptat al que els altres volien. Sempre he estat la persona que els altres esperaven que fos. Al llarg de la meva vida, m'han anat modelant. Les persones que han passat pel meu camí m'han situat on elles decidien, m'han col·locat en la posició que escollien, i jo sempre m'hi he ajustat, encara que fos una postura molt incòmoda per a mi. L'únic que desitjava era ser acceptada.

Però ara ja no. Ara no vull ser aquesta marioneta que tothom pot controlar al seu gust. Ara vull tenir jo les regnes de la meva vida. Vull ser jo qui decideixi com vull ser i com em mostro. Els únics comentaris que realment m'han d'importar són els meus. El que penso jo és el que està bé; no necessito la validació de ningú.

Soc jo qui ha de triar la posició en què em vull col·locar. Soc lliure de fer i dir el que vulgui. Ja no soc més aquesta marioneta que tothom pot moure. Ara he tallat les cordes, i soc jo, i només jo, qui decideix com i cap on es mou. Ara soc jo qui pren les seves decisions.

I jo trio ser feliç. Jo trio viure, per fi, la vida que tant em mereixo viure. Jo trio tornar a ser aquesta Emma extravertida i riallera, que no depèn de res ni de ningú. Jo trio tenir les regnes de la meva vida.

***

Amb aquest text he volgut expressar el moment en què he decidit recuperar-me a mi mateixa. Durant molt de temps vaig deixar que els altres decidissin per mi: com havia de ser, què havia de fer, com m'havia de mostrar. Em vaig adaptar tant a les expectatives dels altres que vaig acabar oblidant qui era realment.

Aquesta és la meva manera de dir prou. De dir que ja no vull ser una marioneta que es mou segons la voluntat dels altres, sinó una persona lliure, amb veu pròpia i amb dret a ser com vulgui ser.

Ara sé que l'única validació que necessito és la meva. Que el valor que tinc no depèn de l'opinió dels altres, sinó del que jo penso, sento i decideixo.

Aquest text simbolitza el començament d'una nova etapa, una etapa en què jo tinc les regnes de la meva vida i trio caminar cap a la felicitat, la llibertat i l'autenticitat.

Perquè, per primer cop en molt de temps, soc jo qui decideix qui és l'Emma.

EL FUTUR ÉS TEU

Hola, Emma, soc la teua jo del futur i ara mateix tinc 22 anys. Recordes fa 5 anys quan pensàvem que no te'n sortiries mai i que no arribaries mai a estar bé? Doncs ho has aconseguit! Després de molts anys de teràpia vaig poder adonar-me de tot el que el TCA em treia i vaig poder fer canvis i millorar a poc a poc. Em van donar l'alta, després d'un camí llarg i difícil, però amb molt d'esforç i posant molt de la meua part ho vaig aconseguir. En sortir d'ITA vaig refer la meva vida. Al no tenir una vida que m'esperava fora la vaig anar construint jo a poc a poc amb l'ajuda dels meus pares. Vaig tornar a l'institut sent una Emma forta i Segura d'ella mateixa. Gràcies a això vaig poder crear vincles i amistats amb molts Companys i vaig poder tenir el grup d'amics que tant desitjava tenir. Vaig tornar a l'institut segura, però amb por de no poder-me treure batxillerat, però ho vaig poder fer. Sent constant i confiant en les meues capacitats. Evidentment, vaig poder fer la Carrera que des de petita somiava. Vaig entrar a la carrera de magisteri, que ara mateix ja estic al penúltim curs. L'estic fent a Tarragona i m'encanta. La mama tenia raó quan em deia que anar a fora a la universitat era una etapa que tothom hauria de viure alguna vegada. És un altre món. He fet aquí nous amics que considero amics de veritat, que m'han ajudat molt en aquests anys d'universitat. Tot i que les coses

m'han anat molt bé i he pogut fer el que m'havia proposat, al llarg d'aquest any també hi ha hagut dificultats, però les he pogut superar gràcies a tots els conceptes que he après al tractament.

Només vull dir-te que no et rendeixis i que confiïs en tu. T'espera una vida molt bonica fora i que tot això es compleixi només depèn de tu. Sé que pots. Confia en tu i veuràs que les coses bones aniran venint a poc a poc.

***

Amb aquesta carta he volgut donar-me un missatge de força i confiança. He volgut parlar-me des del futur per recordar-me que tot el que avui sembla impossible, algun dia pot ser realitat. Escriure aquesta carta és com encendre una llum enmig de la foscor i dir-me a mi mateixa que hi ha camí, que hi ha vida, i que jo tinc el poder de canviar-la.

Durant molt de temps vaig dubtar de mi, vaig pensar que no me'n sortiria mai. Però aquesta carta simbolitza l'esperança, la constància i la valentia. Representa la meva fe en la recuperació, en la possibilitat de tornar a ser lliure i feliç. També és un recordatori que el canvi no arriba de cop, sinó amb petits passos, amb esforç i amb amor cap a una mateixa.

He volgut transmetre que, encara que la vida posi obstacles, el futur pot ser ple de llum si confies en tu i segueixes lluitant. Que els somnis que avui semblen lluny, demà poden ser el teu dia a dia. I que totes les caigudes, tots els dubtes i totes les pors formen part del camí que et portarà a ser aquesta versió forta, segura i viva de mi mateixa.

Perquè, al final, aquesta carta és una promesa, la promesa de no rendir-me mai, de seguir creient en mi i de construir la vida bonica que sé que em mereixo.

LA LLUITA CONSTANT

23-01-25

"*Avui m'han ingressat a 'ITA la Garriga'. No he sigut conscient fins que no he entrat a dins. El comiat ha sigut molt dur i m'ha costat molt acomiadar-me de tots. Quan he entrat hem anat a dinar. M'ha costat molt, ja que les normes són diferents de les del centre de Tarragona. El menú d'avui a dinar era molt semblant al que hi havia a Tarragona, però just avui que ingresso ha tocat una ingesta molt difícil (hamburguesa). Avui m'he adonat que realment no estava avançant gens. M'he vist molt enrere i que em continua costant tot molt. M'he vist exactament igual que quan vaig ingressar a Tarragona. Encara em queda molt treball a fer i m'he adonat que aquest curs he tirat molt enrere en tots els àmbits.*"

24-01-25

"*Avui m'han despertat a les 7 per pesar-me, m'he tornat a dormir i m'han tornat a cridar a les 7:30. M'he despertat, (m'ha costat molt adormir-me i he dormit molt malament) m'he vestit, m'he rentat la cara… A les 8:30 hem anat a esmorzar i m'ha costat moltíssim, ja que no estava acostumada a aquestes quantitats. A més a més, no tinc a ningú amb qui parlar i no puc fer el que vulgui (com estar abraçada a la mama, barallant-me amb mun germà o en lo iaio… Vull anar-me'n a casa ja. No paro d'imaginar-me com esteu). A les 10 hem fet la primera teràpia no he parlat gens. A les 11:30 hem fet el tente[11]. A les 12 hem començat la primera teràpia. A les 13:30 hem començat a dinar que ho hem de fer amb 15 minuts per cada plat. A les 15:30 hem fet l'última teràpia. A les 16:30 hem berenat. A les 17:00 hem fet aula (deures, estudiar..) A les 19:00 ens hem dutxat (amb la porta mig oberta i et van cronometrant el temps que estàs, ja que només tens 5 minuts). A les 19:30 els dimarts i dijous fem trucada l'únic que jo encara no puc fer-ne. A les 20:30 hem sopat també amb 15 minuts per cada plat (això i els aliments és el que més m'està costant). 21:15 Mirem una pel·lícula. Avui hem mirat Up i la veritat m'ha agradat i quan quedaven 30 min per a s'acabés han dit que havíem d'anar a dormir ja (eren les 22:30). I així són "tots" els dies a ITA"*

---

1   tente és el "tentempié", un petit post esmorzar, es fa habitualment a les 11h del matí, que pot consistir en una peça de fruita, un suc, un làctic…

25-01-25

"*Estic molt malament, em sento molt sola. Només tinc ganes de plorar. Necessito estar a casa. Si he d'estar aquí més de sis mesos em moro. A Tarragona he estat un any però almenys tornava a casa cada dia. Avui he estat quasi tot el dia sola i sense saber què fer. Elles han tingut "hàbits" (fer-se el llit, ordenar l'habitació…) Per la tarda han tingut gym i jo he estat superavorrida tot el dia perquè encara no puc fer res.*"

26-01-25

"*Tinc moltíssimes ganes de veure-us, us enyoro molt. Espero que després d'aquesta setmana que diuen que és la més difícil vagi tot millor, però des de que he arribat l'únic que vull és marxar. Només han passat 3 dies i és que les cames ja em mesuren el doble… No puc més! Sincerament, és molt, molt difícil, però veig a elles tan bé, cantant, ballant i rient i és com: "jolin si pogués estar així potser no se'm faria tan dur", però encara no estic en aquest punt.*"

27-01-25

"A les nits dormo fatal, els llits són com colxonetes, estan superdures i és súperincòmode. Tinc ganes de què entri gent nova i se'n vagin totes elles perquè el grup ja està fet i se'm fa superdifícil parlar. Elles ja porten temps i clar es tenen molta confiança. No m'agrada estar en un grup que ja està fet. Quan estic sola penso que preferiria mil vegades estar a un hospital (per molt que haguessin de ficar una sonda) però almenys estaria en la meua família. El que més necessito ara mateix és estar amb la família i aquí estic molt sola. Des de que estic aquí els pensaments han augmentat moltíssim i em fa por."

13-05-25

"Avui he vist per primer cop després d'ingressar als meus iaios. Els trobava molt a faltar i tenia moltes ganes de donar-los-hi una abraçada immensa. Ha sigut un dia espectacular. A poc a poc noto com vaig deixant enrere el TCA i centrant-me més en les coses que de veritat m'importen. A teràpia estic treballant els motius pel que em ve el TCA i al poder treballar això m'ajuda molt a no fer símptoma. També a poc a poc em vaig sentint millor respecte al grup i això fa que el símptoma i el TCA cada vegada tinguin menys motius per quedar-se."

6-06-25

"Per fi m'han donat dos nits!!! Estic SUPER-CONTENTA. Em fa tant de bé estar en la família i en la gent que de veritat estimo. Ara valoro molt més les petites coses i estar amb ells em fa sentir segura. Els he fet una polsera a cadascú perquè durant la setmana encara m'avorreixo una mica perquè tot i que ja no em costen tant les ingestes em continua costant una mica relacionar-me, però ho porto molt millor."

11-07-25

"Avui és el gran dia, avui per fi em donen l'alta del meu procés de tractament tant a ITA 'la Garriga' com a ITA 'Canet'. Estic superil·lusionada, sobretot de tornar a la Garriga i poder fer l'alta allí, sento que allí em sentia com a casa de veritat i tot i que al principi ho vaig passar molt malament, ara agraeixo immensament tot el que han fet per mi perquè m'han salvat la vida. A Canet també he estat bé, però com vaig ingressar en un altre punt ja no sento el mateix, és a dir, tot el meu procés l'he fet allí, i per això sento que és tan important. El meu propòsit a partir d'ara és anar sempre cap amunt, sé que hi haurà dies difícils, dies en què em vulgui donar per vençuda, però sempre, sempre anar cap amunt passi el que passi.

Tot aquest procés m'ha fet veure i adonar-me de moltes coses i sobretot m'ha fet mirar-me amb uns altres ulls. Ara sé que no hi ha res que no pugui fer i que soc molt més forta del que penso. Estic tan contenta… pensava que no arribaria mai aquest moment."

MICRORELATS

la rosa

Un pètal.
Un pètal de rosa.
Un petàl de rosa caigut.
Un pètal de rosa que cau lentament.
No sap on va.
No sap qui és.

jo

Obro la finestra,
respiro,
em calmo,
estic en pau,
torno a ser jo.

el camí

Caminava lentament pel camí on havia caigut,
però ara sabia on havia de trepitjar per no caure un
altre cop.

les cicatrius

Les cicatrius que abans em torturaven
ara me les miro amb amor
i les acaricio cada nit.
Ara veig que no m'he d'avergonyir,
només són una marca del forta i valenta que soc.

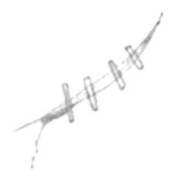

el got

El got em cau, el miro desconsolada.
Era el meu got preferit.
A poc a poc intento refer el got, ficant cada peça al seu
lloc.
Ara és un got únic i especial. És el meu got.

la formiga

Una formiga petita va escalant la muntanya amb
compte que no l'axafin.
Troba molts obstacles però els supera amb esforç i
valentia.

EMMA CORTIJOS FABRA

metamorfosi

Tota la fauna del bosc li deia que era molt lletja,
que no aconseguiria mai alçar el vol.
Però, l'eruga, per fi, es va transformar en una papallona.
Una papallona bonica per dins i per fora i valenta,
MOLT valenta.

única

Una flor al mig del camp.
Ella es veia diferent a la resta,
tot i ser la flor més bonica del camp,
ella no es veia bé.
Per això res és el que sembla.

iguals

Uns astronautes van anar a Mart. Allí van trobar uns
alienígenes.
Al principi, tenien por, però després van veure que tot i
ser diferents tots som iguals.
Tots tenim sentiments, emocions i un cor per estimar.

el far

Els fars em guien.
Ara has de ser TU qui et guia a tu mateixa.

tempestes

Les tempestes poden ser
dures,
llargues,
difícils,
fortes,
i fins i tot destructores.
Però, SEMPRE arriba el bon temps.

estimar-me

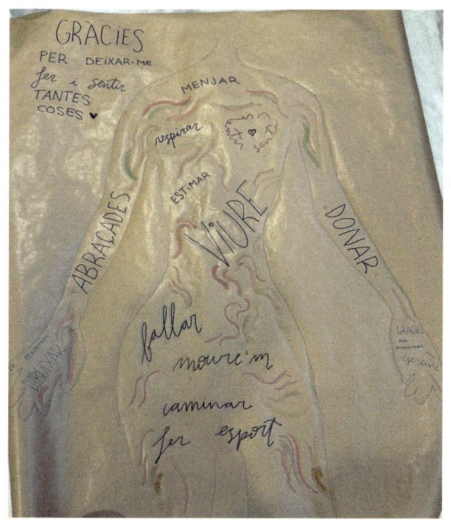

Gràcies braços per deixar-me abraçar.
Gràcies cor per deixar-me sentir i estimar.
Gràcies pulmons per deixar-me respirar.
Gràcies boca per deixar-me parlar.
Gràcies estómac per deixar-me menjar.
Gràcies cos per deixar-me ballar.
Gràcies cos per permetre'm moure'm i fer esport.
Gràcies cames per permetre'm caminar.
Gràcies cos per deixar-me viure.

TORNAR A BRILLAR

Hola, Emma. Sé que costa moltíssim, però has de tornar a ser tu. A ser així de feliç. Mira't com reies. Eres feliç.

Has de tornar a estar així. Vull que et tornin a brillar els ulls. Valora les persones que tens al teu costat, aquelles que et donen suport cada dia.

Escolta tot el que et diuen amb amor, i no et rendeixis mai. Com sempre dius tu mateixa:

Valora't. Estima't. I, sobretot, confia en tu.

Deixa enrere el passat i reconstrueix la teva vida. El món t'està esperant. Però no vol aquesta Emma trista i apagada vol una versió millorada de l'Emma de la foto. Una Emma forta, segura, que s'estima i es valora.

I saps què?

Sé que pots.

***

Amb aquest text vull recordar-me que dins meu encara hi ha aquella llum que un dia va brillar amb força. Que, per molt foscos que siguin alguns moments, sempre hi ha un camí de tornada cap a mi mateixa. No es tracta de tornar a ser qui era, sinó de renéixer més forta, més valenta i més autèntica.

Vull mirar endavant amb els ulls plens de vida, amb confiança i amor propi. Perquè sé que puc. I sé que, passi el que passi, tornar a ser feliç depèn de mi.

AGRAÏMENTS

Vull agrair a la meua família principalment, per estar sempre al meu costat i donar-me suport en tot allò que faig. Ha sigut un procés molt dur, ple de pujades i baixades, però ara puc dir que sé què és estar bé, que tinc ganes de viure i de ser feliç. Res d'això hagués estat possible sense vosaltres, la gent que tinc al costat cada dia i que m'ajuda a aixecar-me una vegada i una altra. Soc molt afortunada de tenir-vos a la meua vida!

Als meus germans: Miquel, Núria i Àngel que ho són tot per a mi i els que fan que tingui ganes d'aixecar-me i lluitar cada dia. Sou molt especials!

A les meues/meus incondicionals, les/els que no m'han fallat i han estat allí fins i tot quan tot es complicava: Anna, Nina, Maria, Ainara, Nur, Laura, Paula[2], Gara, Francesc, Dani, Nàstia, Laia, Pau, Sandro, Judit, Martina, Eugenia, Agnès, Aitana, Alba, Giulia, Mireia, Ada, Roser, Leyre, Joana, Neus, Àlex, Angie, Mayte, Clàudia… I, perquè no vull deixar-me ningú, vosaltres mateixos sabeu qui heu caminat amb mi, qui m'ha sostingut quan més ho necessitava. Per això, només puc dir-vos, des del cor, GRÀCIES.

A les que m'han donat llum entre tanta foscor. Gràcies per la paciència infinita, pels consells i pel suport incondicional. Gràcies, Màrian, Laura, JP, Esther, Lídia, Mar, Sònia, Inti i a tots els/les professionals que he tingut la sort de trobar en aquest camí tan complicat.

Gràcies de tot cor a la Dra Sarró per no dubtar en mi mai i per fer-me el pròleg. Gràcies per donar-me llum i una mica d'esperança en els moments més foscos. És un camí molt dur i trobar a una professional com tu m'ha salvat la vida.

Gràcies a l'Institut Roquetes i al Col·legi Sagrada Família per confiar en mi i donar-me suport quan més ho necessitava.

I Jordi, quina sort ha estat trobar-te! M'has ajudat moltíssim i gràcies a tu he pogut tirar endavant en la part acadèmica, gràcies per creure en mi i pel teu suport incondicional.

I no em voldria deixar a les meues companyes de guerra, les que lluitem dia rerre dia contra aquesta p★★★★ malaltia. Som MOLT fortes i ens en sortirem!!!

I gràcies a TU, que estàs llegint aquest petit recull de mi. Espero que et pugui ajudar a ser més fort/a i a mirar més enllà. Pots aconseguir tot el que et proposis i recorda que sempre torna a sortir el sol.

El meu camí no s'acaba aquí. Però ara, per fi, em pertany. Ara em toca seguir aquest camí i no tornar-me a perdre'm mai més.

sempre hi ha una sortida